BEI GRIN MACHT SICH IHR WISSEN BEZAHLT

AF141568

- Wir veröffentlichen Ihre Hausarbeit,
  Bachelor- und Masterarbeit

- Ihr eigenes eBook und Buch -
  weltweit in allen wichtigen Shops

- Verdienen Sie an jedem Verkauf

Jetzt bei www.GRIN.com hochladen
und kostenlos publizieren

Roman Möhlmann

Erläuterungen zu Morgan/Bray "Partners and Rivals in Western Europe: Britain, France and Germany"

GRIN Verlag

Bibliografische Information der Deutschen Nationalbibliothek:

Die Deutsche Bibliothek verzeichnet diese Publikation in der Deutschen National-
bibliografie; detaillierte bibliografische Daten sind im Internet über http://dnb.d-
nb.de/ abrufbar.

Dieses Werk sowie alle darin enthaltenen einzelnen Beiträge und Abbildungen
sind urheberrechtlich geschützt. Jede Verwertung, die nicht ausdrücklich vom
Urheberrechtsschutz zugelassen ist, bedarf der vorherigen Zustimmung des Verla-
ges. Das gilt insbesondere für Vervielfältigungen, Bearbeitungen, Übersetzungen,
Mikroverfilmungen, Auswertungen durch Datenbanken und für die Einspeicherung
und Verarbeitung in elektronische Systeme. Alle Rechte, auch die des auszugsweisen
Nachdrucks, der fotomechanischen Wiedergabe (einschließlich Mikrokopie) sowie
der Auswertung durch Datenbanken oder ähnliche Einrichtungen, vorbehalten.

Impressum:

Copyright © 2003 GRIN Verlag GmbH
Druck und Bindung: Books on Demand GmbH, Norderstedt Germany
ISBN: 978-3-638-75357-9

Dieses Buch bei GRIN:

http://www.grin.com/de/e-book/65406/erlaeuterungen-zu-morgan-bray-partners-
and-rivals-in-western-europe-britain

GRIN - Your knowledge has value

Der GRIN Verlag publiziert seit 1998 wissenschaftliche Arbeiten von Studenten, Hochschullehrern und anderen Akademikern als eBook und gedrucktes Buch. Die Verlagswebsite www.grin.com ist die ideale Plattform zur Veröffentlichung von Hausarbeiten, Abschlussarbeiten, wissenschaftlichen Aufsätzen, Dissertationen und Fachbüchern.

Besuchen Sie uns im Internet:

http://www.grin.com/

http://www.facebook.com/grincom

http://www.twitter.com/grin_com

Ruhr-Universität-Bochum
WiSe 2002/03
Politikwissenschaften, Sektion *Internationale Politik*
Seminar *„Deutschland – Frankreich – Großbritannien: Vergleichende Politik, Partnerschaft(en) und Rivalität(en)"*

Referat / Vortragsverschriftlichung

Thema:

Literaturreferat I :
Roger Morgan and Caroline Bray (eds.),
„Partners and Rivals in Western Europe: Britain, France and Germany", Aldershot 1986

von Roman Möhlmann

Inhaltsverzeichnis

1. Einleitung

Das folgende Referat soll anhand des Aufsatz-Sammelbandes *„Partners and Rivals in Western Europe: Britain, France and Germany"*, herausgegeben von Roger Morgan und Caroline Bray, aus dem Jahre 1986 Einblick geben in die Partnerschaften, Rivalitäten und Beziehungen der drei genannten Staaten Großbritannien, Frankreich und Deutschland im Zeitraum der 50er bis in die 80er Jahre.

2. Generelle Einführung in die Thematik der trilateralen Konstellation „Großbritannien – Frankreich – BRD"

Die bilateralen Beziehungen dieser drei Staaten gehen zurück auf jahrhundertealte Charakteristiken: Während für Frankreich der Schutz seiner offenliegenden Küstengrenzen im Norden wichtig war, brauchten die Briten Zugang zum Großhandelsmarkt des festländischen Europas; das französisch – deutsche Verhältnis war lange Zeit durch die gemeinsame Grenze um die weiten Gebiete des Rheinterritoriums geprägt; das britisch – deutsche Verhältnis wiederum konzentrierte sich auf die Nordseehäfen und -handelsrouten. Während die Insellage Großbritannien immer eine gewisse Unabhängigkeit und Autarkie gewährleisten konnte, erforderte die geographische Lage Frankreichs und Deutschlands lange Zeit eine 'kontinentale Politik' zwischen den beiden Extremen „Partnerschaft" oder „Feindschaft".[1]

Nach dem Zweiten Weltkrieg änderten sich viele Verhältnisse grundlegend, andere Anforderungen wurden an die Staaten gestellt, andere Faktoren wie die auf Persönlichkeiten wie Adenauer und de

---

[1] WALLACE, William, *Introduction: the Shaping of Close Relationships*, in: Roger Morgan and Caroline Bray (eds.), *„Partners and Rivals in Western Europe: Britain, France and Germany"*, Gower / Aldershot 1986, S. 2

Gaulle fokussierte Beziehung zweier Nationen, wurden wichtig, die Betrachtung der Beziehungen kann nun nicht mehr auf Stereotypisierungen verschiedener Länder und Völker reduziert werden.

Lange Zeit herrschte bei der Betrachtung Westeuropas, spätestens ab dem Beitritts Großbritanniens zur Gemeinschaft 1973, die nahezu axiomatische Vorstellung vor, die Beziehungen zwischen Großbritannien, Frankreich und der Bundesrepublik Deutschland wären ein kritisches Element für die Zukunft Europas. Eine gemeinsame, koordinierte Politik dieser drei Staaten erscheint als zentrales Moment des einheitlichen, interstaatlichen, industriellen, wirtschaftlichen und politischen Zusammenwachsens Europas. Ohne einheitliche Positionen dieser drei Staaten, gerade auch in sicherheitspolitischen, verteidigungstechnischen und ökonomischen Aspekten, könne Europa nicht als machtpolitischer Faktor in der Welt agieren. Die angesprochene Zusammenarbeit wurde lange auch als entscheidender Faktor bei der Einflussnahme Europas auf die Vereinigten Staaten von Amerika und die Möglichkeit, mit diesen auch in wirtschaftliche Konkurrenz zu treten, gewertet.

Auch wenn der Begriff einer von London, Paris und Bonn nahezu allein geprägten oder gar vorgegeben „Europäischen Direktive" stets abgelehnt wird, muss davon ausgegangen werden, dass die Politik dieser drei „Partner und Rivalen" die Stärken und Schwächen des europäischen Systems ausmacht.[2]

Von entscheidender Bedeutung für diese „trilaterale" Konstellation sind allerdings vor allem die bilateralen Beziehungen zwischen Großbritannien, Frankreich und Deutschland:

Während das französisch – deutsche Verhältnis geprägt ist durch komplex strukturierte Kommunikationseben, die alle auf den Elysée-Vertrag von 1963 zurückgehen und von der obersten politischen Ebene bis hinunter zu 'niedrigeren' Organen umfassende,

---

[2] MORGAN, Roger, *Preface*, in: MORGAN/BRAY, „Partners and Rivals...", S. X

konsensorientierte Absprachen und Koordinationen auf politischer, wirtschaftlicher, strategischer und kultureller Ebene implizieren, basiert die englisch – deutsche Beziehung eher auf allgemeinerer, kollegial wirkender Zusammenarbeit mit wesentlich geringer ausgeprägten Kommunikationsstrukturen und lässt sich eher auf generelle Interessensgleichheiten der Regierungen der beiden Staaten, vor allem im NATO – Rahmen, aber zum Teil auch in wirtschaftlichen Angelegenheiten, zurückführen, wobei die Ansichten über die politische und strukturelle Zukunft der Europäischen Gemeinschaft hier stark divergieren; das britisch – französische Verhältnis wiederum scheint sich zu einem großen Teil aus alten, historisch gewachsenen Rivalitäten zweier stolzer und traditionsbewusster Staaten heraus zu definieren. Trotz einiger produktiver Beziehungen auf Regierungsebene und oftmals angestrebten Einstimmigkeitserklärungen lässt sich ein stete latente Spannung zwischen den beiden Nationen, eine gewisse Konkurrenz oder Rivalität, manchmal sogar in Bezug auf den Zuspruch und die Freundschaft der Bundesrepublik, nicht leugnen.[3]

Doch auch in der französisch – deutschen Beziehung verlief vieles nicht komplikationslos: So sprach sich die Bundesrepublik gegen den französischen Rückzug aus den militärischen NATO – Strukturen aus, genauso wie Frankreich lange gegen den von Deutschland unterstützten Beitritt der Briten zur Gemeinschaft opponierte.

Auch zwischen London - Paris und London – Bonn sollten ab den 70er Jahren Verträge und Absprachen in der Tradition des Elysée – Abkommens folgen, sogar unter Einschluss eines vierten Landes, dass nun auf größere bilaterale Konsultationen hoffen konnte: Italien. Zum Ende der 70er trafen sich Regierungschefs und Minister aus London, Paris und Bonn mehrmals jährlich zu Beratungen auf europäischer und auf NATO – Ebene.[4]

[3] MORGAN, Roger, *Preface*, in: MORGAN/BRAY, „Partners and Rivals...", S. X - XII
[4] WALLACE, William, *Introduction: the Shaping of Close Relationships*, in: MORGAN/BRAY, „Partners and Rivals...", S. 4

In den 80ern änderten sich einige äußere Umstände: Die UdSSR, die lange Zeit offenere diplomatische Beziehungen zu Paris unterhalten hatte, war politisch nun mehr an Westdeutschland interessiert. Die Vereinigten Staaten, auf deren Partnerschaft sich Großbritannien lange fokussierte, richteten ihre Politik mehr auf ihre Interessen in der Karibik und dem Pazifik und das strategische Verhältnis zur Sowjetunion aus. Der globale Kampf der USA und Japans um die Hightech – Industrie und ihre entsprechenden Absatzmärkte bekamen auch die europäischen Mächte zu spüren. All dies verlangte zwangsläufig nach größerer Kooperation und Absprache der drei Nationen Großbritannien, Frankreich und Deutschland.[5]

3. *Untersuchung der bilateralen und trilateralen Beziehungen nach verschiedenen Aspekten*

Wenngleich zur Einzelbetrachtung dieser drei interstaatlichen Beziehungen zahlreiche Publikationen und Studien vorliegen, fehlen universellere Untersuchungen zu dieser trilateralen „Dreiecksbeziehung"; das vorliegende Werk der Herausgeber Roger Morgan und Caroline Bray unternimmt den Versuch, dieses Phänomen deutlicher in den Mittelpunkt zu rücken.

Problematisch für die Untersuchung des Gesamtphänomens ist sicher die Einzigartigkeit jeder der drei bilateralen Beziehungen sowie die Antwortfindung auf die Frage, welche Determinanten in der Realität diese Beziehungen tatsächlich charakterisieren.

Es existieren multiple Deutungsansätze, um zu erklären, wie die beiden alten „Hassfeinde" Deutschland und Frankreich seit den 60er Jahren ein solch kooperatives Verhältnis etablieren konnten. Manche Beobachter sehen die Basis dieser Verständigung im 1963er Elysée-

---

[5] WALLACE, William, *Introduction: the Shaping of Close Relationships*, in: MORGAN/BRAY, „Partners and Rivals...", S. 5 f.

Vertrag selbst begründet, der durch die Festsetzung vielfältiger Konsultationsvarianten die Möglichkeit der frühen konsensorientierten Konfliktlösung begründete. Derartige Deutungen sind oft bei den Briten anzutreffen, die sich nicht selten gerade in Fragen die Europäische Gemeinschaft betreffend von dieser Beziehung ausgeschlossen fühlen.

Ein anderer Erklärungsvorschlag argumentiert eher auf Persönlichkeitsebene: So scheinen oftmals außergewöhnlich gute Beziehungen zwischen den jeweiligen Regierungschefs der beiden Staaten, also dem französischen Staatspräsidenten und dem deutschen Bundeskanzler, durch ständige freundschaftliche Absprachen eine Kooperationsmentalität bis in die untersten Ebenen der bilateralen Zusammenarbeit zu prägen; vor allem bei der Betrachtung der Ära „Helmut Schmidt – Giscard d'Estaing" wird dieser Aspekt gerne herangezogen.

Es existiert auch ein Begründungsversuch, der auf Untersuchungen der Nachkriegsmentalität zurückgreift und davon ausgeht, dass signifikante Elemente in der deutschen und französischen Gesellschaft nach 1945 weitere Konflikte wie die der Vergangenheit vermeiden wollten und im Konsens der beiden Staaten die Basis eines sogenannten „neuen und besseren Europas" sahen.

Eine letzte Theorie argumentiert wiederum überhaupt nicht mit solch idealistischen Perspektiven und führt das deutsch – französische Verhältnis ungeachtet von Verträgen, Personen und Mentalitäten auf, natürlich zum Teil im Zufall und den historisch und geopolitisch bedingten Hintergründen begründeten, puren politischen, wirtschaftlichen und strategischen Interessensgleichheiten zurück.[6]

Dies sind also Beispiele für die Vielfalt an variablen Ansätzen bei der Betrachtung einer bilateralen Beziehung; die Untersuchung des trilateralen Phänomens erfordert auch hinsichtlich der einzelnen Länder weitere Erläuterungen. So sind zahlreiche Aspekte der

---

[6] MORGAN, Roger, *Preface*, in: MORGAN/BRAY, „Partners and Rivals...", S. XII

interstaatlichen Beziehungen bereits in den Ausprägungen des jeweiligen Wirtschaftssystems begründet, die hier zum Teil stark divergieren:

Während die bundesrepublikanische Wirtschaftsphilosophie eher auf die freie und soziale Marktwirtschaft mit sehr begrenzten staatlichen Einwirkungsmöglichkeiten setzt, wird in Frankreich ein wesentlich höherer Grad an staatlicher Intervention praktiziert; in Großbritannien ist, vor allem unter Premierministerin Thatcher, eine noch liberalere Wirtschaft als in Deutschland mit ausgeprägten monetären Elementen zu beobachten. Bei der interstaatlichen Kooperation treten solche Unterschiede in den Doktrinen aber meist zurück, denn je größer und zahlreicher die wirtschaftlichen Transaktionen vom Handel bis hin zu transnationalen Investitionen werden, desto stärker wird auch die ökonomische Abhängigkeit voneinander. Hierzu kann als Beweis der gerade von französisch – deutscher Kooperation geebnete Weg zur Europäischen Währungsunion angeführt werden.[7]

Ein weiterer Untersuchungsfaktor wäre die reine „Mentalität" oder „Einstellung" eines Volkes zum anderen, praktisch orientiert an der Frage: Welches Bild hat das eine Volk vom anderen?

Hier zeigen länderübergreifende Studien, das die Meinung der Bevölkerung maßgeblich geprägt wird durch das Verhältnis auf „höchster Ebene", also der Qualität der jeweils akuten Beziehung zwischen den Regierungen auf diplomatischer Ebene. Dieser Faktor ist zum Teil allerdings auch umgekehrt zu beobachten, da Politiker dazu tendieren, hin und wieder die zum großen Teil durch Agitatoren in den Medien verbreitete Meinung der Bevölkerung mit in ihre Entscheidungen einfließen zu lassen, zumindest wenn diese an anstehende innenpolitische Ereignisse gekoppelt sind.

---

[7] MORGAN, Roger, *Preface*, in: MORGAN/BRAY, „*Partners and Rivals...* ", S. XII - XIII;
SHEPHERD, Geoffrey, *A Comparison of the Three Economies*, in: MORGAN/BRAY, „Partners and Rivals...", S. 24 ff.

Der Vergleich der verschiedenen Bürokratie- und Verwaltungsapparate der drei Staaten, um die Untersuchung eines weiteren Faktors anzusprechen, der Einfluss auf die Qualität der interstaatlichen Kooperation haben kann, lässt schlussfolgern, dass aufgrund ähnlicher Stellung, Ausbildung, juristischer und verfassungstechnischer Normen sowie den administrativen Abläufen wiederum die deutsch – französische Zusammenarbeit besser funktioniert als jene mit den entsprechenden britischen Beamten und Verwaltungsinstitutionen.[8]

Was die politischen „nationalen Eliten" wie Minister, Abgeordnete und Parteiführer angeht, erscheint allerdings die britisch – deutsche Kommunikation leichter, eingespielter und ausgereifter. Während sich das deutsch – französische Verhältnis über gute Beziehungen auf höchster Ebene definiert, wie eben bei Adenauer und de Gaulle oder bei Schmidt und Giscard, und die Kooperationsmentalität dadurch auf die unteren „Level" der Zusammenarbeit mit projiziert wird, werden Kontakte auf parlamentarischer oder parteipolitischer Ebene kaum als wichtiges Antriebselement der Kooperation gewertet; dies gestaltet sich bei den britisch – deutschen Beziehungen anders. Hier präsentiert sich eine offenere, auf Gemeinsamkeiten ausgerichtete Kommunikation, gefördert durch ähnliches 'Herangehen' an verschiedene politische Themen, vor allem In verteidigungspolitischen Angelegenheiten, und produktive nicht-gouvernmentale Kommunikationskanäle, wie beispielsweise bei den „Königswinter Konferenzen", die auf Austausch nicht nur politischer, sondern auch wissenschaftlicher und wirtschaftlicher Eliten basierten, sowie die Teilnahme britischer und deutscher Parlamentarier, Geschäftsleute und Journalisten an (meist von den USA geleiteten) transatlantischen Diskussionsforen, von denen die französischen Eliten meist geschlossen fern bleiben.

---

[8] GLADSTONE, David, *The Role of the Three Civil Services*, in: MORGAN/BRAY, *„Partners and Rivals..."*, S. 102 ff.; MORGAN, Roger, *Preface*, in: MORGAN/BRAY, *„Partners and Rivals..."*, S. XIV f.

Ein derartiger Austausch auf französisch – britischer Ebene hat seit jeher mit zahlreichen Hindernissen 'zu kämpfen', wie zum Beispiel der ausgeprägteren Sprachbarriere, anderen gesellschaftlichen Verhaltensmustern und eben einem historisch gewachsenen latenten Misstrauen und einer gewissen allgegenwärtigen Rivalität.[9]

Als „von außen" einwirkender Faktor auf die vorliegende trilaterale Konstellation muss die Europäische Gemeinschaft, die von den Ländern erbrachten und zu erbringenden Leistungen und damit die Anforderungen an die drei Länder gesehen werden.
Es ist klar, dass das intime deutsch – französische Verhältnis für die europäische Einigung und Integration eine elementare Basis darstellt. Dies hat allerdings zur Folge, dass in vielen Fällen kein intensiver Dialog, sei es britisch – deutsch oder britisch – französisch, entstehen konnte, da in Opposition zum Verhältnis Paris – Bonn die britische Einstellung zur Mitgliedschaft in der Gemeinschaft skeptisch und Fragen des britischen Beitrags zum europäischen „Haushalt" offen blieben, und Großbritannien weiterhin auf den Beitritt zur Währungsunion verzichtet. Übereinkünfte aus dem Jahre 1984 regelten zwar die finanzpolitischen Fragestellungen vorerst, die weitergehenden Anforderungen an die trilateralen Beziehungen auf europapolitischer Ebene gehen jedoch noch wesentlich weiter, grade da den drei führenden europäischen Mächten auch eine gewisse Vorbild- und Leitrolle im europäischen Gefüge zukommt.

Bei der Betrachtung internationaler Kooperationen auf dem Forschungs- und Technik – Sektor zeigt sich, dass (wie bereits zuvor angesprochen) die tendenziell divergierenden wirtschaftsphilosophischen Unterschiede vernachlässigt werden und nicht als elementarer Faktor für eventuelle Fehler in der trilateralen Zusammenarbeit gewertet werden können. Vielmehr müssen das britische Zurückhalten bei der Zusammenarbeit auf dem Sektor der

---

[9] MORGAN, Roger, *Communication between Political Elites*, in: MORGAN/BRAY, *„Partners and Rivals..."*, S. 120 ff.

Luftfahrttechnologie sowie die Vorliebe mancher britischer Unternehmen wie zum Beispiel des *Rolls Royce* – Konzerns für amerikanisch - britische Partnerschaften als Hindernisse europäischer Kooperation gesehen werden; erst jüngere trilaterale Projekte, beispielsweise die Airbus – Modelle betreffend, weisen in eine andere, europäisch orientiertere Richtung. Auf dem Sektor der Computer- und Informationstechnologien verhindern immer noch diverse Zurückhaltungen und ausgelebte Rivalitäten zwischen Bonn, Paris und London bis hin zu einigen Firmen eine größere Zusammenarbeit, so dass sich diese Industrie nur sehr schwerlich den marktdominierenden Gegnern Japan und USA entgegenstellen kann. In den 80ern musste lange Zeit befürchtet werden, das die Übernahmen des Computermarktes ähnliche Vorgänge auf dem Telekommunikationssektor nach sich ziehen könnten, wenn nicht bald eine Einschwenkung der nationalen Einstellungen auf gemeinsamere Bahnen der Fall sei. Auf dem Raumfahrtsektor sind immerhin umfassendere Kooperationen im Rahmen der *European Space Agency* (ESA) festzustellen, wobei auch hier den Briten erneut der Hang attestiert werden muss, eher zur Zusammenarbeit mit den Amerikanern zu tendieren. Eine große Kluft zwischen der Bundesrepublik und Frankreich einerseits und Großbritannien andererseits kann bei Kooperationsprojekten wie der Satellitenfernsehtechnologie beobachtet werden.[10]

Diese Beispiele zeigen deutlich die vorherrschenden Schwierigkeiten, aber auch die Notwendigkeit einer gesteigerten und britisch–französisch–deutsch – geleiteten europäischen Zusammenarbeit, gerade um auch in Zukunft auf dem Technologiesektor mitagieren zu können.

Bei der Untersuchung der Bereiche Außen-, Sicherheits- und Verteidigungspolitik kann für den Zeitraum bis in die 80er Jahre

---

[10] MORGAN, Roger, *Preface*, in: MORGAN/BRAY, *„Partners and Rivals...",* S. XV f.; BAYNE, Nicholas, *International Economic Policy Coordination*, in: MORGAN/BRAY, *„Partners and Rivals...",* S. 175 ff.

festgestellt werden, dass hier Differenzen weniger bedeutend und die Strukturen zur gegenseitigen Konsultation und damit zur frühzeitigen Abwägung potentieller Probleme wesentlich effektiver einzustufen sind. Erneut muss die französisch – deutsche Verständigung hier aber als produktivste und fortgeschrittenste angesehen werden, da nur jene ausgefeilte Methoden entwickelt hat, über umfassende und langandauernde bilaterale Konsultationen zu wichtigen außenpolitischen Fragen, wie zum Beispiel des Verhältnisses zu den Vereinigten Staaten oder den Ost – West Beziehungen, effektive Absprachen treffen zu können. Dennoch haben, speziell seit dem Eintritt Großbritanniens in die Gemeinschaft, auch die anglo – französischen und anglo – deutschen Verständigungsstrukturen an Effektivität gewonnen. Allein die geopolitisch bedingten Interessengleichheiten waren dieser Absprache – Mentalität und Kooperation natürlich recht förderlich.[11]

Auf verteidigungspolitischer Ebene ist das Verhältnis der drei Staaten stark geprägt durch Einflüsse von außen, vor allem selbstverständlich durch die West- und Ostblockkonstellation und den eingeschlagenen Kurs der beiden Supermächte USA und UdSSR. Als faktisches Grenzland zwischen den Blöcken spielte die Bundesrepublik naturgemäß eine kritische Rolle in der Verteidigungspolitik der NATO und Europas. Aufgrund dieser äußerst problematischen geopolitischen Lage erlangt das Wort „Sicherheitspolitik" in Deutschland eine noch andere und weitergehende Bedeutung als bei den beiden europäischen Nuklearmächten Frankreich und Großbritannien, die ihrerseits abgesehen vom Schauplatz Europa ihre verschiedenen Überseeinteressen geltend machen müssen. Eine einheitliche Verteidigungspolitik des westlichen Europas hängt aber wiederum natürlich stark von der Zusammenarbeit Londons, Paris' und Bonns ab; und tatsächlich stehen die Chancen für weitere kombinierte wirtschaftliche und militärische bzw. rüstungstechnische

---

[11] WALLACE, William, *Foreign Policy: the Management of Distinctive Interests*, in: MORGAN/BRAY, *„Partners and Rivals..."*, S. 205 ff.

Kooperationen gut, man denke an die Projekte des ECR - Tornados,
des Tiger – Kampfhubschraubers und später des Jäger 90 /
Eurofighter – Modells.[12]

4. *Anforderungen und Ausblicke*

Nach diesen Ausführungen scheint klar, dass man den
Anforderungen, die ein zusammenwachsendes Europa an die seine
mächtigsten Mitglieder stellt, praktisch nur durch eine gute und
ausbalancierte Kooperation Großbritanniens, Frankreichs und
Deutschlands miteinander gerecht werden können wird; dazu
müssen alte Rivalitäten und Konfliktpotentiale natürlich
weitestgehend beseitigt werden.

In London gab es oft Bestrebungen, mit Paris und Bonn einen
ausgewogeneren und direkteren Dialog zu etablieren, natürlich etwas
zu Lasten des intimen französisch – deutschen Verhältnisses, um
eine deutlichere Balance für das 'Miteinander' der drei Nationen zu
erwirken.

In Paris waren oftmals Ambitionen sichtbar, sowohl London als auch
Bonn mit dem Ziel einer engeren und einheitlicheren, von
französischer Leitung inspirierten Politik in der europäischen
Gemeinschaft und auch in der westlichen Allianz zu 'umwerben'.

Für Bonn ist die Rolle der Leitfigur auch innerhalb der Gemeinschaft
noch neu und derartiges Denken selten ausgesprochen worden,
doch 1985 sollte mittlerweile sogar Helmut Teltschik, ein enger
Berater von Bundeskanzler Helmuth Kohl, den Gedanken äußern,
der Fortschritt europäischer Zusammenarbeit hänge eng von drei
Regierungen ab: Eben der französischen, der britischen und der
deutschen.

---

[12] MORGAN, Roger, *Preface*, in: MORGAN/BRAY, *„Partners and Rivals...“*, S. XVI f.;
WALLACE, William, *Defence: the Defence of Sovereignty, or the Defence of Germany?*,
in: MORGAN/BRAY, *„Partners and Rivals...“*, S. 225 ff.;

Zwar kann nicht pauschal gesagt werden, dass diese drei Staaten, deren gemeinsame Wirtschaftkraft zwei Drittel der gesamten Wirtschaftskraft der Gemeinschaft ausmacht, die Zukunft Europas allein bestimmen könnten, wenn sie in manchen Fragen vollständig übereinstimmen, doch wird es sicherlich keine elementare Entscheidung oder Änderung auf der Ebene der Gemeinschaft geben, wenn alle drei Staaten dem nicht zustimmen! Und dies trifft mehr und mehr auch für Fragen der europäischen Sicherheit , auch im NATO – Rahmen, zu.

Erschwert wird jegliche Zusammenarbeit dadurch, dass man das Verhältnis eines Landes zum anderen keineswegs gänzlich pauschalisieren kann. So können sich zwei Nationen über beispielsweise verteidigungspolitische Fragen grundsätzlich einig sein, während die Tendenzen in Handel und Industrie stark divergieren. Während die Kommunikation zwischen einigen Regierungsbehörden problem- und reibungslos ablaufen kann (so zum Beispiel über lange Zeit der Fall beim französischen Finanzministerium und der britischen Schatzkanzlei), herrscht in den entsprechenden Außenministerien unter Umständen immer noch eine starke Rivalitätsmentalität vor.

Die Geschichte zeigt offenbar, dass die unterschiedlichen Erklärungsansätze für gute bilaterale Beziehungen, von der persönlichen Freundschaft zweier Führungspersönlichkeiten bis hin zu ausgeprägten bilateralen Konsultations- und Verwaltungsapparaten in verschiedenen Fällen alle zutreffen können und nicht selten auch verschiedene dieser Deutungskomponenten zusammenwirken.

Um weiterreichende, zukunftsorientierte trilaterale Politik, weg von kurzfristigen Entscheidungen und Ereignissen und hin zu längerfristigen politischen Zielen gewährleisten zu können, sollten verschiedene Anforderungen und Faktoren berücksichtigt werden: So müssen die Kommunikationslinien auf höherer und höchster Regierungsebene weiter geöffnet werden, um rechtzeitig vorherzusehen, welche politischen Angelegenheiten die

Aufmerksamkeit der Regierungschefs und Ministerien erfordern und welche von der Verwaltung abgehandelt werden können, so dass die Ordnung nach Prioritäten mehr Raum für die Arbeit an längerfristigen Zielen schafft.

Dies leitet über zu einem weiteren elementaren Punkt: Die Administrations- und Verwaltungsapparate der Nationen müssen enger Zusammenarbeiten, sich untereinander mehr austauschen und frühzeitig die Gepflogenheiten und internen Abläufe ihrer Äquivalente in den jeweils anderen Ländern kennen lernen, um einen schnelleren und reibungsloseren Ablauf vieler Aktivitäten auf dieser Ebene gewährleisten zu können.

Auch sollte mehr Wert gelegt werden auf den Austausch und die Zusammenarbeit auf parlamentarischer Ebene. Manche Parlamentarier sind die „Minister von morgen", das frühe Knüpfen von Kontakten und Verstehen der administrativen Abläufe kann bei zukünftiger Zusammenarbeit deren Effektivität erhöhen und viel Zeit sparen.

Ferner wird ein gesteigerter Informationsaustausch auf der Ebene der breiten Bevölkerung und der Kommunikation zwischen Experten und Volk, vor allem auf Basis der Massenmedien, gefordert, da Elitentreffen und –institutionen wie die Königswinterkonferenzen, das „Franco - British Council" und das deutsch – französische Institut trotz des durchaus positiven Effekts des Spezialistenaustauschs noch zu wenig Einfluss und Gehör, sowohl beim 'einfachen Mann' als auch bei den politischen Entscheidungsträgern, finden.

Ein weiterer Faktor für die Zukunft präsentiert sich auf kultureller und bildungspolitischer Ebene: Der Unterreicht in Sprache, Geschichte und zeitgeschichtlichen bzw. aktuellen Gegebenheiten der anderen Staaten in jedem Land muss deutlich intensiviert werden, da konstruktive Verständigung nur durch besseres Verständnis des Partners garantiert werden kann.[13]

---

[13] MORGAN, Roger, *Conclusion*, in: MORGAN/BRAY, „*Partners and Rivals...* ", S. 245 ff.

5. _Fazit_

Während nun also nach 1963 und speziell in den 70ern das deutsch
– französische Verhältnis durch eine exklusive und privilegierte
Qualität und eine hohe Intensität geprägt wurde, vergab das immer
noch sehr auf die spezielle anglo – amerikanische Beziehung
ausgerichtete Großbritannien auch nach seinem Beitritt zur
Gemeinschaft die Chance, eine engere Bindung an jene Linie
(manche sprechen hier sogar von „Achse") von Bonn und Paris zu
etablieren, die London immer abschreckte. Dennoch dürfen auch die
zahlreichen Komplikationen der französisch – deutschen 'Bindung'
nicht vergessen werden.

Insgesamt und abschließend muss als nahezu fundamentale
Erkenntnis also festgestellt werden, dass im Zuge der europäischen
Integration, des europäischen Zusammenwachsens und der durch
verschiedenste Faktoren bedingten Notwendigkeit einer stärkeren
Zusammenarbeit gerade die trilaterale Konstellation von
Großbritannien, Frankreich und Deutschland bereits tiefe
Abhängigkeiten untereinander gefördert hat, deren weitere effektive
Abwicklung durch gesteigerte Kooperation dieser drei Staaten das
Ziel für die Zukunft sein muss. Und es ist klar, dass dies eine Abkehr
von der Rivalitätsmentalität hin zur ausgeprägteren Partnerschaft
bedeutet.[14]

---

[14] vgl Anm. 12

Literaturverzeichnis

BAYNE, Nicholas, *International Economic Policy Coordination*, in: Roger Morgan and Caroline Bray (eds.), *„Partners and Rivals in Western Europe: Britain, France and Germany"*, Gower / Aldershot 1986, S. 175 – 183

GLADSTONE, David, *The Role of the Three Civil Services*, in: Roger Morgan and Caroline Bray (eds.), *„Partners and Rivals in Western Europe: Britain, France and Germany"*, Gower / Aldershot 1986, S. 102 – 119

MORGAN, Roger, and BRAY, Caroline (eds.), *„Partners and Rivals in Western Europe: Britain, France and Germany"*, Gower / Aldershot 1986

MORGAN, Roger, *Preface*, in: Roger Morgan and Caroline Bray (eds.), *„Partners and Rivals in Western Europe: Britain, France and Germany"*, Gower / Aldershot 1986, S. X – XVII

MORGAN, Roger, *Communication between Political Elites*, in: Roger Morgan and Caroline Bray (eds.), *„Partners and Rivals in Western Europe: Britain, France and Germany"*, Gower / Aldershot 1986, S. 120 – 135

MORGAN, Roger, *Conclusion*, in: Roger Morgan and Caroline Bray (eds.), *„Partners and Rivals in Western Europe: Britain, France and Germany"*, Gower / Aldershot 1986, S. 245 – 248

SHEPHERD, Geoffrey, *A Comparison of the Three Economies*, in: Rogor Morgan and Caroline Bray (eds.), *„Partners and Rivals in Western Europe: Britain, France and Germany"*, Gower / Aldershot 1986, S. 24 – 53

WALLACE, William, *Introduction: the Shaping of Close Relationships*, in: Roger Morgan and Caroline Bray (eds.), *„Partners and Rivals in Western Europe: Britain, France and Germany"*, Gower / Aldershot 1986, S. 1 – 6

WALLACE, William, *Foreign Policy: the Management of Distinctive Interests*, in: Roger Morgan and Caroline Bray (eds.), *„Partners and Rivals in Western Europe: Britain, France and Germany"*, Gower / Aldershot 1986, S. 205 – 224

WALLACE, William, *Defence: the Defence of Sovereignty, or the Defence of Germany?*, in: Roger Morgan and Caroline Bray (eds.), *„Partners and Rivals in Western Europe: Britain, France and Germany"*, Gower / Aldershot 1986, S. 225 – 244